L. K. 7. 3434.

DE

LA PRÉTENDUE ENCEINTE

DE LA VILLE DE LAON

ET DE SON ILLÉGALITÉ

AU

POINT DE VUE DE L'OCTROI.

———※———

Acquéreur, en 1855, d'une maison et d'un jardin situés entre la rue des Chenizelles et celle de la Préfecture, je suis, à peu près depuis cette époque, en contestation avec l'Administration municipale de Laon au sujet du mur qui sépare mon jardin de la rue de la Préfecture.

Au moment où je viens de saisir l'autorité supérieure de la question qui nous divise, je crois devoir publier le présent écrit, pour faire connaître précisément l'objet du litige et les raisons invoquées de part et d'autre. Non-seulement je désire que mes concitoyens puissent apprécier le caractère de l'affaire et la valeur des prétentions de chaque partie, mais encore, comme tous les habitants de Laon peuvent désirer jouir entièrement de la liberté de circulation qu'on leur a enlevée en partie, comme d'ailleurs plusieurs autres propriétaires sont dans une position analogue à la mienne et sont soumis, ainsi que leurs propriétés, à des servitudes dont les inconvénients

1860

peuvent devenir très-graves, il me semble utile de les initier aux difficultés que j'éprouve, aux efforts que je suis obligé de faire pour recouvrer des droits auxquels je prétends la loi à la main, et de leur montrer les peines qu'ils auraient à prendre peut-être s'ils avaient à en réclamer de semblables.

I.

Posons d'abord nettement la question dont il s'agit.

Ma propriété se trouve entre deux voies publiques. La voie publique, comme je le démontrerai tout-à-l'heure juridiquement, est accessible *de droit* à tous, et particulièrement aux riverains. Or, si j'accède à la rue des Chenizelles, je veux, je crois pouvoir accéder à la rue de la Préfecture, à laquelle je touche comme je touche à la rue des Chenizelles. Et ce n'est pas un caprice de ma part : beaucoup de raisons me feraient préférer la rue de la Préfecture à l'autre, et plusieurs de mes voisins (je cite seulement mes voisins les plus immédiats, M. Crépy-Varlet et le propriétaire de la maison du commandant Lefèvre), ont des escaliers qui d'un sol un peu plus haut ou un peu plus bas que le mien, leur permettent de se rendre sur la rue de la Préfecture.

Ce droit d'accès, je le réclame en vertu des principes et des lois sur la nature et la destination de la voie publique. Je l'ai réclamé précédemment par une demande d'alignement et en vertu d'une disposition positive de la loi du 16 septembre 1807.

M. Melleville, mon vendeur, dans l'instance qu'il avait été sur le point d'engager lui-même, avait un autre but et un autre moyen : il demandait la mitoyenneté du mur de la rue de la Préfecture, en vertu de l'art. 664 du code civil.

Dans une pétition récente, que j'ai signée conjointement avec plusieurs intéressés, pétition qui a été rejetée par le Conseil municipal dans une délibération du 24 décembre dernier, nous demandions que la prétendue enceinte de l'octroi, qui est loin des limites fixées conformément à l'art. 26 de l'ordonnance du 9 décembre 1814, fût rapprochée du périmètre légal de la perception, reportée au-delà de la cuve de St-Vincent, entre cette ancienne abbaye et la pointe de la Couloire, afin que nos maisons fussent considérées comme appartenant à la ville proprement dite.

Je donne ces explications pour répondre catégoriquement à une objection de certains membres du Conseil municipal (notamment M. Dubois, ancien notaire, et M. Tilorier, avocat), qui n'ont jamais voulu comprendre que ma demande d'alignement n'était pas la même chose que la demande de M. Melleville, ni que celle qui résultait de la pétition collective récente où l'on réclamait l'extension de l'enceinte de surveillance de l'octroi ; trois demandes parfaitement *distinctes*, ayant des objets bien différents et basées chacune sur sa loi spéciale.

II.

Qu'est-ce que l'ancienne enceinte qui entoure la ville ?

C'étaient les prétendues fortifications de celle-ci, qui les avait fait établir à une époque reculée, à l'époque sans doute où elle avait été constituée en *commune*. Ces anciennes fortifications consistaient uniquement en un terre-plein ou rempart destiné à rendre plus difficile l'accès du plateau où est assise la ville, rempart maintenu du côté de la ville par le plateau lui-même, à l'extérieur par un mur de soutènement ou chemise en maçonnerie de 0^m 55 à 0^m 60 d'épaisseur. En fait, la ville est toujours restée chargée de leur entretien, même quand elle était place de guerre.

Sur les réclamations réitérées du Conseil municipal, la ville de Laon (la citadelle exceptée) a été déclassée comme place de guerre par un décret du 8 juillet 1850, rendu expressément *dans l'intérêt de la propriété :* ce sont les termes de son *considérant*. Le Conseil municipal, comme la ville tout entière,

s'applaudit de ce succès, et ce fut en vain que, quelque temps après, à l'occasion du reclassement de la place de Carcassonne, le directeur des fortifications fit des démarches pour que le Conseil municipal émit le vœu de l'adoption de la même mesure à l'égard de Laon ; car le Conseil, par une délibération du 27 septembre 1850, se fondant sur cette puissante considération « qu'il ne fallait pas perdre de vue que le déclasse-
» ment de la ville lui avait rendu la liberté d'étendre ses
» constructions communales et particulières et que le rétablis-
» sement des servitudes militaires renfermerait encore notre
» cité dans d'extrêmes limites formant obstacle à tout accrois-
» sement de sa population et à tout développement industriel
» et commercial du chef-lieu du département, » décida *à l'unanimité* qu'il n'y avait pas lieu de demander le reclassement de la ville de Laon comme place de guerre. Aussi ne fut-il donné aucune suite à la proposition de M. le directeur des fortifications, et peut-on regarder le déclassement comme définitif depuis 1850.

L'ancienne enceinte de Laon n'a donc plus aucun caractère militaire ; ses remparts (1) sont maintenant de simples rues, et le mur ou la chemise en maçonnerie est redevenue un simple mur de soutènement dans les endroits où elle n'a pas été détruite.

Un autre usage de ce mur semblait impossible.

Mais, lors de l'établissement de l'octroi, la ville était place de guerre. On crut utile de se servir de l'enceinte existante, quelque incomplète qu'elle fût, pour assurer la perception de l'octroi avant l'entrée en ville, bien qu'arrivé aux portes de la ville, on fut depuis longtemps en dedans du périmètre de la perception. On ferma de mieux en mieux les portes comme si nous étions soumis à l'assaut de l'ennemi ; les habitants des faubourgs et même des maisons intérieures plus rapprochées

---

(1) Qui ne remplissaient pas du reste toutes les conditions voulues par les officiers du génie. V. à ce sujet, l'article du général Valazé inséré dans *l'Encyclopédie moderne* de F. Didot, 1848, verbo *Fortifications*.

ne purent à une certaine heure entrer en ville sans la permission des portiers. On acceptait cette situation sans murmure, car on se sentait sous le coup des obligations qu'imposent aux citoyens la sécurité publique et la sûreté de nos frontières.

La ville déclassée, ces obligations n'existaient plus. Toutefois, les habitudes étaient prises. Par suite d'un virement d'opinion qu'il serait peut-être difficile de bien expliquer, l'Administration municipale ne jugea pas à propos d'exécuter le décret du 8 juillet 1850 en ce qui la concernait : elle continua de faire fermer les portes de la ville ; elle se mit en contradiction évidente avec l'esprit de ce décret et avec la délibération si bien motivée du 27 septembre 1850, et elle s'appliqua en quelque sorte à arrêter toute extension de la ville, en la renfermant dans les limites si restreintes de ses anciens murs.

On ne peut que déplorer, au point de vue de l'intérêt général de la commune, la marche qui a été suivie en cette circonstance. Les obstacles qui ont été ainsi apportés à l'extension de la ville, à la facilité des communications, qui est le but des grands travaux publics de notre époque, nuisent *à l'accroissement de la population et à tout développement industriel et commercial du chef-lieu du département*, comme le disait si bien la délibération du 27 septembre 1850. Ils indiquent un système tout à fait opposé à celui qui a été adopté dans les villes remarquables par leurs progrès récents et leur prospépérité. La ville de St-Quentin, par exemple, n'a vu son industrie prendre de notables proportions qu'après la destruction de ses fortifications. C'est ce qu'a établi M. Ch. Gomart dans un mémoire inséré dans le *Bulletin de la Société académique* de Laon, séance du 8 décembre 1856, mémoire où nous lisons ce passage : « Un décret impérial du 28 avril 1810 concéda à
» la ville ses fortifications. Ce décret fut pour la ville un im-
» mense bienfait, en lui permettant de briser la ceinture
» murée qui depuis longtemps arrêtait l'essor de son indus-
» trie. Cependant, les évènements de 1813, 1814 et 1815 re-
» tardèrent la démolition des murailles, qui ne fut complè-
» tement effectuée qu'en 1827. La ville déborda alors de

» toutes parts sa vieille enceinte. Des quartiers nouveaux s'é-
» levèrent comme par enchantement sur l'emplacement des bas-
» tions démolis et des anciens fossés comblés. On vit sortir de
» terre des ateliers, des filatures, des apprêts, des pompes
» à feu, des établissements industriels de toute nature, qui
» firent bientôt de St-Quentin une des villes les plus floris-
» santes de la France. »

On sait que la ville de Chauny, qui a dépassé depuis long-temps ses fortifications, établit en ce moment le boulevard Napoléon III (c'est le nom officiel donné par l'Empereur lui-même) dans un marais où l'on ne pénétrait il y a vingt ans qu'au milieu de l'hiver et sur la glace. Elle remblaie aujourd'hui ce marais avec les terres de son ancien rempart et elle s'agrandit avec rapidité, comme son industrie.

Pourquoi la ville de Laon ne recueillerait-elle pas des avantages, je ne dirai pas aussi importants, mais analogues et également précieux, de la suppression de la partie de sa vieille enceinte qui la serre si étroitement, de la partie où cette enceinte n'existe pas en réalité, puisque des maisons percées de portes et d'autres ouvertures y sont substituées et que bien des propriétaires et des fonctionnaires s'y sont logés ou ne demandent pas mieux que de s'y établir ?

Mais poursuivons l'examen de cette triste enceinte.

En plusieurs endroits, il n'y a pas de murs ; en d'autres, la ville n'est pas propriétaire des murs, ou n'en possède qu'une partie. *Ce sont là des faits* qu'il est facile de vérifier. Le mur qui est construit sur le derrière des maisons placées en face de l'église St-Martin supporte ces maisons ou des bâtiments qui en dépendent ; il est plus que probable qu'il appartient aux propriétaires de ces maisons ou de ces bâtiments, dont il forme en quelque sorte la fondation. A une petite distance du sol, il existe diverses fenêtres qui éclairent des maisons où se trouvent des débits de boissons et qui prouvent précisément combien est illusoire pour la surveillance de l'octroi cette prétendue enceinte.

Entre l'abreuvoir et la porte des Chenizelles, il n'y a encore qu'un mur qui supporte des maisons et dont sans doute la ville ne songe pas à revendiquer la propriété. Ce mur est percé de plusieurs ouvertures. Ce n'est pas tout : là où le mur proprement dit existe encore, il se trouve des portes. Tout le monde connaît la porte placée dans le grenier de la maison des bains, sise sur la promenade St-Jean et qui donne accès sur le chemin de ronde aboutissant au rempart et à la rue y attenant, en dedans de la ville.

On sait aussi que M. Mersier (je cite les noms pour plus de clarté, sans avoir en aucune façon la pensée de dénoncer : les faits que j'indique sont connus de tout le monde ; et puis, d'ailleurs, il n'y a pas matière, ici, à dénonciation) ; on sait, dis-je, que M. Mersier, propriétaire d'une maison sise rue ou place du Bourg, possède aussi un jardin situé en dehors de la ville proprement dite, près de l'abreuvoir des Chenizelles. Une porte met cette maison et ce jardin en communication. Cette porte est barrée, m'a-t-on dit. Mais si M. Mersier veut l'ouvrir, qui l'en empêchera ? En vertu de quoi ? Et s'il l'ouvre, comment le saura-t-on ?

J'arrive maintenant au quartier même où est située ma maison, c'est-à-dire à la portion de la rue des Chenizelles comprise entre la porte de ce nom et l'escalier de la Préfecture. L'examen de ce quartier seul suffirait pour détruire la prétention de la ville à avoir une enceinte. Je ne parlerai que des propriétés qui donnent à la fois en dedans et en dehors de la ville. La ville n'a pas de mur de la maison de M. Lespinasse à mon jardin : ce mur a disparu ou elle l'a vendu, comme, dans ces dernières années, à M. Crépy et à Mme Varlet. M. Lespinasse n'a pas de porte sur les Chenizelles ; mais il a deux fenêtres, dont une sans treillage à deux mètres au-dessus du sol de la rue. M. Varlet a une porte, fermée à ce qu'il paraît ; s'il n'a pas pris d'engagement *particulier* à ce sujet et s'il ne l'ouvre pas, c'est qu'il ne le veut pas ; car sur quelle loi se fonderait-on pour le lui défendre, pour l'empêcher d'user de sa propriété ? M. Robert-Pierrepont n'a pas de porte ; mais pourrait-on l'empêcher *légalement* d'en établir une sur la rue des Chenizelles ? Toutes les lois sur la voirie, tous les monuments de jurisprudence et de doctrine sont en sa faveur. M. Crépy s'est engagé, il paraît, à boucher sa porte des Chenizelles au moyen de l'autorisation qu'on lui a donnée de construire un escalier sur la rue de la Préfecture ; mais, d'une part, qui est-ce qui l'empêcherait, (encore une fois, je n'accuse pas, j'établis seulement la possibilité du fait, abstraction faite des personnes) qui est-ce qui l'empêcherait de faire la fraude par dessus son mur des Chenizelles, haut seulement de 0^m 70 du côté de son jardin ? D'autre part, le mur qui le sépare de moi équivaut à peine à une haie. J'ai un jour sur lui, reconnu par son architecte. Quel obstacle y aura-t-il à ce que je me concerte avec lui pour passer des marchandises sujettes à l'octroi ? à ce que nous rétablissions entre lui et moi (car elle a existé) une porte de communication ? à ce que je lui vende même ma maison ayant issue sur la rue des Chenizelles, à lui dont la maison donne sur la rue de la Préfecture, ou à ce qu'il me vende la sienne ? Plus loin, la communication non-seulement est possible, mais de plus elle existe : l'ancienne maison du commandant Lefèvre, qui donne également sur la rue de la Préfecture, a une issue sur une cour commune, dit-on, avec le sieur Faglain, laquelle a son entrée dans la rue des Chenizelles (1).

(1) Je ne puis pas ne point mentionner un procès que l'Administration municipale vient de faire à Mlle Govain, acquéreur de la maison Lefèvre. Depuis un temps immémorial, il existe dans cette maison une porte de communication *intérieure* entre les salles d'habitation et un petit bâtiment qui en dépend, mais qui a une sortie dans la cour Faglain donnant sur les Chenizelles. On n'a jamais rien dit au commandant Lefèvre. Mort récemment, ses héritiers ont vendu sa maison, et la demoiselle Govain, qui a voulu donner un abri à ses parents, malheureux dans leurs affaires, s'en est rendue acquéreur. M. le Maire, se fondant sur un arrêté préfectoral de 1803 rendu dans l'intérêt de l'octroi, s'est empressé de sommer la demoiselle Govain de maçonner la porte qui existe dans l'intérieur de sa propriété. Refus : citation devant le tribunal de simple police pour l'application de l'art. 471, n° 15, du code pénal. Nous avons pu alors admirer un bel acte de l'autorité judiciaire : M. Vinchon, juge de paix, conseiller municipal, ancien adjoint, qui a toujours prêté son con-

A la Préfecture, une porte a été ouverte récemment sur la promenade ou plutôt sur le nouveau chemin qui descend vers Ardon. Une double ou triple commission du Conseil municipal, devant laquelle j'ai été appelé, a reconnu devant moi que M. le Préfet avait pu régulièrement faire ouvrir cette porte, parce que le mur dépend de la propriété départementale. Je suis parfaitement d'accord à ce sujet avec la commission; mais je ne puis m'empêcher de faire remarquer que cette porte ouverte, que dis-je? ce mur du département depuis la porte de l'hôtel jusqu'à la propriété de M. de Watigny, c'est une nouvelle lacune, une lacune de 300 mètres dans l'enceinte de la ville de Laon.

Je ne parlerai pas de la propriété de M. de Watigny, qui donne sur le jardin de M. Cambray, qui n'a pas en ce moment de communication avec ce jardin, mais qui pourrait en avoir une, surtout si (par une circonstance quelconque à laquelle la ville ne pourrait mettre obstacle) les deux propriétés venaient à appartenir à une seule et même personne.

Il est impossible de ne pas conclure de ces faits et de cet examen que non-seulement la ville n'a pas d'enceinte puisqu'elle n'a pas de mur qui l'entoure *de toutes parts*, mais encore que les précautions que l'Administration municipale a prises pour suppléer aux lacunes existantes, ainsi qu'au voisinage immédiat des propriétés particulières, sont absolument

---

cours empressé à M. le Maire, s'est montré un savant et un digne magistrat. Quel que fût son désir de soutenir les intérêts de la ville, il n'a pu voir un acte légal dans l'arrêté préfectoral de 1803 qui imposait des servitudes à la propriété privée ; il l'a regardé comme formellement annulé par l'ordonnance règlementaire sur les octrois du 9 décembre 1814 ; il n'a pu surtout le considérer comme un de ces arrêtés de police municipale prévus par l'art. 471, n° 15, du code pénal, et, soumis aux principes du droit, respectant la propriété, base de l'ordre public, il a déclaré que la demoiselle Govain n'avait commis aucune contravention. On dit qu'il y a pourvoi en cassation : pour quiconque a quelque notion exacte des principes de notre législation, *il est évident* que la cour suprême maintiendra le mémorable jugement du 23 mars 1860.

insuffisantes. Quelles qu'en soient les conséquences, il faut bien que la ville accepte la situation qu'elle s'est faite ou que l'Etat, son prédécesseur peut-être, lui a transmise. C'est la ville ou l'Etat qui a vendu l'ancien rempart et le mur qui le soutenait ; c'est la ville ou l'Etat qui s'est donné des voisins immédiats en aliénant le fossé ou terrain situé au bas du rempart et en se dépouillant de tous les moyens directs de surveillance. L'Etat ou la ville a reçu le prix de ces aliénations ; que les acquéreurs ou leurs successeurs jouissent du moins librement de leur propriété, et qu'on ne vienne pas les déprécier en leur imposant des servitudes aussi vaines qu'illégales.

L'Administration municipale a reconnu l'exactitude des renseignements que j'ai donnés à ce sujet, et dans ses observations du 14 avril 1856, elle déclarait qu'en effet *il y a une lacune dans le rempart et qu'un certain nombre de maisons semblent former la véritable enceinte*. Je répliquais que des maisons percées d'ouvertures et de fenêtres à peu de distance du sol ne formaient pas une enceinte *véritable*.

Cette situation établie et constatée de part et d'autre, l'Administration municipale ne pouvait plus que prétendre que, « si elle avait le regret d'avoir une partie de l'enceinte moins » bien garantie contre la fraude que les autres parties, on ne » devait pas l'empêcher de profiter de la défense que les murs » existants lui offraient encore ; » comme si une porte fermée à côté d'une porte ouverte est une défense sérieuse, comme si un moyen de surveillance si illusoire pouvait être invoqué contre un *droit* de circulation et d'accès accordé expressément *par la loi !*

III.

Ainsi, la ville de Laon est déclassée définitivement comme place de guerre. Son ancienne enceinte n'est plus un ouvrage militaire, et si, tout en reconnaissant qu'elle présente de nombreuses lacunes, on s'oppose à ce qu'il y soit fait de nouvelles ouvertures, c'est parce qu'on veut s'en servir dans l'intérêt de la perception de l'octroi. Je ne m'arrêterai pas à discuter l'un des arguments que l'on a présentés contre nos réclamations, surtout dans le rapport adopté par le Conseil municipal le 24 décembre 1859, à savoir que les murs d'enceinte de la ville servent à la police et défendent la cité contre les entreprises des malfaiteurs. Cette allégation serait une calomnie contre la population laonnoise qui est la plus tranquille de toute la France, et l'on ne connaît guère à Laon les malfaiteurs que lorsqu'ils sont amenés par les gendarmes à la prison ou devant la Cour d'assises. Il faut être bien pauvre d'arguments pour en présenter de pareils ; il faut aussi oublier que St-Quentin et Chauny, qui renferment tant d'ouvriers quelquefois si difficiles à conduire, se sont débarrassés de leurs murs sans que l'Administration locale et l'Administration supérieure y aient vu nul inconvénient pour la conservation de l'ordre.

Je ne m'occuperai donc que de l'octroi, qui est, je le répète, le véritable intérêt qu'on veut protéger en resserrant la ville dans ses étroites murailles.

Je me hâte de déclarer hautement que je ne suis pas opposé à l'octroi ; que je reconnais que la commune de Laon, qui a peu de revenus, a besoin de se créer des ressources pour subvenir aux dépenses qui sont à sa charge, dépenses que je crois volontiers toutes utiles jusqu'à présent. Dirai-je que je ne fais pas de fraude ? Personne ne songe à m'en accuser, et lorsque le vent d'ouest, qui souffle chez moi avec assez de violence, me casse un arbre dans mon jardin, avant de le brûler je vais chez le receveur d'octroi acquitter le petit droit que la loi et l'ordonnance mettent à ma charge. Ainsi, pas de difficulté sur le principe de l'octroi.

Cependant, je ne puis me dispenser de rappeler que les octrois, comme les contributions indirectes, ont été autorisés avec hésitation *sous la Restauration*. Qu'on se reporte à l'exposé des motifs et à la discussion de la loi fondamentale du 28 avril

1816. Dans son rapport (p. 290 du *Moniteur*), M. Feuillant cite l'exposé où le directeur des contributions indirectes déclarait *que le Gouvernement avait été condamné à une cruelle fiscalité et que c'étaient des tributs et non des impôts qu'il avait la douleur de proposer.* Aussi, de grandes précautions, que n'ont pas toujours prises nos législateurs en matière d'impôts, ont été adoptées dans la loi de 1816 : l'article 235 détermine avec soin la forme des visites et des vérifications, et l'art. 247 porte : « Aucunes instructions, soit du ministre, soit du di-
» recteur général ou de la régie des impositions indirectes,
» soit d'aucun des préposés ne pourront, sous quelque pré-
» texte que ce soit, annuler, étendre, modifier ou forcer le
» vrai sens des dispositions de la présente loi. Les tribunaux
» ne pourront prononcer de condamnations qui seraient fon-
» dées sur lesdites instructions et qui ne résulteraient pas
» formellement de la présente loi. »

De plus, ce n'est pas, comme lorsqu'il s'agit de contributions directes, le Conseil de Préfecture qui est chargé de statuer sur les réclamations relatives à la perception des droits : c'est le juge de paix, ce magistrat populaire considéré comme le plus conciliant et le plus favorable aux intérêts des particuliers, qui doit prononcer (art. 81 de l'ordonnance du 9 décembre 1814), et dans les visites que les agents sont autorisés à faire, il leur est expressément recommandé de ne pas commettre de dommages, comme de ne point vexer les citoyens (art. 30, 33 et 35 de la même ordonnance).

Dans la pensée du législateur, c'est donc par une dure nécessité que l'on a recours aux contributions indirectes et aux tarifs d'octroi, et tout en ne tolérant pas la fraude, on a voulu que la perception ménageât les personnes, respectât les droits et la propriété, et qu'aucune autorité, qu'aucun préposé ne s'avisât de « forcer le vrai sens de la loi. »

C'est sur la ligne des poteaux qui, selon l'art. 26 de l'ordonnance du 9 décembre 1814, indiquent les limites du territoire auquel s'étend la perception, que doivent être élevés les murs de surveillance quand on juge à propos d'en établir.

Je pourrais **citer un** grand nombre de villes qui se sont conformées scrupuleusement à cette règle. Mais une circonstance récente a permis de reconnaître les conditions qui doivent absolument être remplies quand on veut créer une enceinte de surveillance de l'octroi ; je veux parler de l'annexion de la banlieue à la ville de Paris, à l'occasion de laquelle des documents officiels ont établi la nécessité de certaines dispositions qui se rattachent inévitablement au mode de surveillance adopté. Dans son rapport du mois de février 1859, S. Exc. le Ministre de l'intérieur disait : « La limite extérieure de Paris
» enveloppera non-seulement les ouvrages dont se compose la
» ligne fortifiée, mais encore la zone de 250 mètres assujettie
» à la servitude militaire. Cette disposition *est analogue* à celle
» qui fut prise en 1729 *lors de la construction du mur d'octroi* :
» indépendamment *du chemin de ronde intérieur*, large de
» 6 toises, on comprit dans le territoire de Paris *un boulevard*
» *extérieur* d'une largeur de 15 toises ; on institua en outre
» une servitude prohibitive de toute construction nouvelle
» dans un rayon de 50 toises pour rendre plus facile et plus
» sûre la surveillance de l'octroi. . . . .
» . . . . L'extension du territoire de Paris jusqu'à l'extrême
» limite de la zone militaire.... aura pour effet d'assurer le
» service de l'octroi.... La ville sera ainsi entourée d'une zone
» inaccessible aux constructions privées, *large en tout de*
» *370 mètres.* »

Il est loin de ma pensée (qu'on ne se donne pas la peine inutile de me le reprocher) d'assimiler la ville de Laon à la ville de Paris et d'exiger que notre pauvre petit chef-lieu de département remplisse des conditions semblables à celles que s'est imposées la ville de Paris ou qu'on lui impose. Qu'on ne m'accuse pas de demander que Laon ait un chemin de ronde extérieur de 370 mètres de largeur. Je ne me suis pas fait connaître par des raisonnements absurdes. Mais ce que je puis demander, c'est que la ville de Laon remplisse *en petit*, proportionnellement à son peu d'importance, les conditions *indispensables* que la ville de Paris remplit en grand, et que la plupart des autres villes pourvues d'octroi remplissent dans la mesure de leur situation et de leurs facultés. Ces conditions, ce sont celles auxquelles la ville de Paris satisfaisait déjà en 1729, avant qu'il s'agît de fortifications, et alors qu'on ne s'occupait que de la surveillance de l'octroi : c'est-à-dire de l'existence d'un chemin de ronde *intérieur* et d'un chemin de ronde *extérieur*.

Sans ces *deux* chemins de ronde il n'y a pas de surveillance sérieuse. Comprend-on un mur d'octroi attenant soit d'un côté, soit de l'autre, soit même des deux côtés, à une propriété privée ? Est-ce que la fraude ne sera pas toujours facile si de cette propriété privée on atteint à votre mur ? Surveillez, ayez de nombreux agents, il y aura toujours un moment où le particulier voisin pourra sans être vu effectuer sa fraude. Pour obtenir une surveillance réelle, ayez donc deux chemins de ronde.

Du reste, ces deux chemins vous les avez sur une grande partie de votre enceinte. Entre la porte de la voûte St-Jean et la petite porte du quartier St-Martin, vous avez à l'intérieur l'ancien rempart, à l'extérieur la promenade publique. Au nord, entre la caserne de cavalerie et la porte qui donne sur l'esplanade de la citadelle, vous avez aussi le rempart et la promenade. La largeur n'est que de quelques mètres, mais elle est suffisante. Dans les autres parties où il y a des propriétés particulières, parce que vous avez vendu soit votre rempart, soit votre promenade, soit l'un et l'autre, vous n'avez plus de véritable enceinte, vous n'avez plus de moyen de surveillance, et vous devez ou rétablir l'ancien état de choses en fesant appliquer la loi sur l'expropriation pour cause d'utilité publique et en payant de larges et préalables indemnités, ou bien reculer votre enceinte et l'établir à un endroit où vous puissiez ouvrir, sans frais aussi considérables, vos deux chemins de ronde qui sont, je le répète, les conditions indispensables de la surveillance sérieuse de votre octroi. Sinon, renoncez à vos anciens murs et organisez votre service comme à St-Quentin, comme à Chauny, Guise, Bohain, etc., etc. qui ont des octrois supérieurs ou comparables au vôtre, et qui savent les percevoir sans annihiler la circulation, sans compromettre les personnes et les propriétés.

IV.

L'état des choses bien connu et bien apprécié, il me reste à discuter les réclamations que j'ai présentées seul ou en commun avec d'autres intéressés et les objections auxquelles elles ont donné lieu.

Première réclamation. — D'abord j'ai demandé l'alignement pour construire un escalier ou un bâtiment dans mon jardin, le long de la rue de la Préfecture, en offrant d'acquérir une partie du mur qui me sépare de la voie publique.

La ville de Laon possède un plan d'alignement des rues qui a été homologué par une ordonnance royale du 27 mars 1831. Ce plan comprend la rue de la Préfecture et fixe son alignement, en face de mon jardin, sur la paroi du mur du côté de la rue.

L'art. 52 de la loi du 16 septembre 1807 porte que, dans les villes, les alignements sont donnés par les maires, *conformément au plan approuvé.*

L'art. 53 est ainsi conçu :

« Au cas où, par les alignements arrêtés, un propriétaire
» pourrait recevoir *la faculté de s'avancer sur la voie publique,*
» il sera tenu de payer la valeur *du terrain qui lui sera cédé.* . .
» . . . . »

Par un arrêté du 26 février 1856, M. le Maire a refusé de me donner mon alignement par le motif principal que je n'étais pas *propriétaire riverain* de la rue et que le mur de séparation affecté à la surveillance de l'octroi *était inaliénable.*

Cet arrêté, contre lequel je me suis pourvu, a été confirmé par un arrêté préfectoral du 24 avril 1856, et par une décision ministérielle du 12 août 1857.

Cette dernière décision est fondée simplement sur deux considérations : la première, que je ne puis contraindre la ville de Laon à me céder la portion de mur provenant des anciennes fortifications qui me sépare de la voie publique; la seconde, que l'établissement d'une issue sur la rue de la Préfecture aurait de graves inconvénients pour la perception de l'octroi.

J'ai écrit immédiatement à M. le Ministre que *les faits* sur lesquels était fondée sa décision étaient inexacts et que je me réservais la faculté de me pourvoir quand il y aurait lieu, soit devant Son Excellence mieux informée, soit de toute autre manière.

L'affaire est encore dans le même état aujourd'hui. Des préoccupations qu'une perte douloureuse m'a données, m'ont fait ajourner mon pourvoi; mais je ne renonce pas à le former, et par conséquent la décision ministérielle ne peut être considérée comme définitive (1).

M. le Ministre a été certainement trompé. Dans une première dépêche en date du 4 octobre 1856, il remarquait « que les
» observations de M. le Maire reposaient presque entièrement
» sur cette idée que ma propriété étant *séparée* de la rue par
» l'épaisseur de l'ancien mur d'enceinte de la ville, je n'étais
» pas riverain de la voie publique, tandis que d'après les obser-
» vations de M. le Préfet, ma propriété *touchait immédiatement*
» *à la voie publique*; il signalait, en outre, une autre cir-
» constance qui pouvait avoir quelque influence sur la solution
» de la difficulté, savoir, que lors du déclassement de la ville
» comme place de guerre, la ville étant considérée comme
» antérieurement propriétaire de ses fortifications, le déclas-
» sement n'a rien eu à changer à cet état de choses, et la ville
» était donc propriétaire de la chemise en maçonnerie qui
» soutenait le terre-plein des remparts et qui soutenait encore
» le sol de la rue de la Préfecture, *au même titre qu'elle était*
» *propriétaire de cette rue;* d'où il suivait que le mur ne for-

---

(1) Ceux qui prétendent que je ne puis plus me pourvoir parce que le délai est passé, commettent une erreur de droit. Il ne s'agit pas d'une affaire *contentieuse* à laquelle soit applicable l'art. 11 du décret du 22 juillet 1806, mais d'une mesure *purement administrative* que l'Administration supérieure peut toujours modifier.

» mait pas une propriété distincte et indépendante de la rue
» et ôtant aux héritages voisins la qualité de riverains de la
» voie publique. »

M. le Préfet n'a pas pu donner au Ministre de renseignements contraires à ces remarques, qui annonçaient une entente parfaite de la question. Il était et il est toujours certain que je touche immédiatement au mur *qui soutient la rue*, qui en est par conséquent l'accessoire, qu'il fait partie lui-même de la voie publique, et que je suis donc riverain de celle-ci. C'est ainsi toujours que cela se décide dans les affaires analogues, qu'il s'agisse de rues ou de grandes routes, et une masse d'exemples peuvent être cités. Dans l'espèce, le mur est d'autant moins une propriété indépendante de la rue que mon voisin immédiat en a acquis de la ville *une partie* avec une portion de rue retranchée par voie d'alignement. En outre, il est évident et incontestable que la ville est propriétaire de la rue et du mur *au même titre*, que le mur *n'existe plus* en deçà et au-delà, qu'il n'y a donc plus la moindre apparence de fortification et que par conséquent rien de particulier ne me sépare de la voie publique, composée de la rue et de son *mur de soutènement* (c'est l'expression dont s'est servi M. le Maire lui-même).

L'Administration municipale est d'autant moins fondée à me refuser l'alignement et la cession du mur, que je me trouve exactement dans la même situation que la dame veuve Varlet, qui possédait le jardin *immédiatement contigu au mien* et à qui la ville a vendu, en 1852, la partie *du même mur* qui se trouvait devant son jardin et qui le séparait de l'alignement.

Je ne rappellerai pas de quelle manière cette vente a été réalisée ; je ne citerai pas la délibération par laquelle le Conseil municipal, voulant établir *une concurrence entre M*^{me} *veuve Varlet* (seule propriétaire riveraine) *et M. Crépy-Varlet*, son gendre, autorisa cette espèce de vente par adjudication sur la mise à prix de 800 fr., c'est-à-dire à plus de 89 fr. le mètre carré, alors qu'on avait vendu peu de temps auparavant, à côté, à 40 fr. le mètre ; ni la désapprobation de M. le Préfet qui fit observer que la loi du 16 septembre 1807, art. 53,

n'appelle que le propriétaire riverain de la voie publique à avancer sur cette voie; ni enfin l'acte de vente amiable dans lequel se trouve cette clause : « . . . . . M. le Maire vend à
» Mme veuve Varlet, qui accepte, le susdit terrain et le mur
» qui le soutient, tels qu'ils sont situés et se comportent, à la
» condition qu'elle ne pourra établir de communication entre
» le terrain qui lui est vendu et son jardin situé au bas de ce
» mur; Mme veuve Varlet devra clore le terrain qui lui est vendu
» (de 8 m. 94 c. carrés), et le séparer de la rue de la Préfec-
» ture par un mur en pierres de taille...; ». obligeant ainsi l'acquéreur *à ne faire absolument rien* d'un terrain qu'on lui vend 89 fr. du mètre; obligation contractée par la dame Varlet dans son ignorance de son droit, et qu'on ne peut regarder que comme contraire à la marche constante de notre grande et loyale administration française, ainsi qu'à l'usage général des administrations municipales, qui tiennent toujours à rendre leur gestion paternelle. C'est l'intérêt de la ville, je n'en doute pas, qui a porté la municipalité de Laon à passer un tel acte : cet intérêt est contestable par suite de l'existence des vices nombreux de la prétendue enceinte aux environs de la propriété Varlet; mais, dans tous les cas, l'a-t-on soutenu *en respectant la loi et l'équité ?*

Eclairé par mes travaux de plus de vingt ans et par une étude particulière des lois que l'Administration est chargée d'appliquer, je n'ai pu accepter pour moi une situation semblable. Voilà la source de la lutte que j'ai été forcé de soutenir contre l'Administration municipale. J'ai le droit d'obtenir le même alignement que Mme Varlet; mais je veux l'avoir sans les conditions qu'on a imposées à cette dame, conditions qui, je le regrette, me semblent aussi injustes qu'illégales.

Aucune des lois sur la voirie petite ou grande n'autorise de pareilles conditions. Il en est de même de la jurisprudence. Je me bornerai à citer l'arrêt de la cour de cassation du 27 mai 1851 (ville de Lons-le-Saulnier), qui reconnaît « qu'une
» ville ne peut pas se refuser au délaissement d'un terrain
» retranché de la voie publique par le plan d'alignement; qu'il
» ne reste plus, d'après l'art. 53 de la loi du 16 septembre 1807,

» qu'à en faire fixer la valeur, et même que la nécessité de
» cette fixation n'empêche pas la prise de possession immé-
» diate par le propriétaire riverain; » et l'arrêt de la cour
impériale de Rouen du 26 janvier 1853 (commune de Hanouard),
qui déclare « que toute propriété contiguë à une place ou à
» une rue a, par le seul fait de cette situation, *un droit acquis*
» à la jouissance des passages, issues et autres avantages qui
» résultent d'une libre communication avec la voie publique ;
» *que cette jouissance forme une partie intégrante de la propriété*
» *riveraine et participe aux mêmes garanties.* »

On pourrait consulter aussi les arrêts de cassation des
17 août 1837, 30 avril 1838, 1er mars 1848 et 27 août 1849 ;
les arrêts du conseil d'Etat des 17 janvier 1838, 23 février 1839,
2 mai 1845 et 30 mars 1846, et la circulaire du ministre des
travaux publics du 30 octobre 1849, ainsi que les ouvrages
de MM. Pardessus, Duranton et Davenne, qui désignent les
servitudes légales dont la voie publique en général est grevée,
savoir : le droit de passage qui appartient à tous, et, au profit
des propriétaires riverains, *privatement*, celui d'y prendre des
vues directes, ainsi que des issues.

A ces lois et à cette jurisprudence, on ne peut opposer aucune disposition des lois ou des règlements sur les octrois ; je
puis même ajouter que les lois et les règlements sur les octrois, en plaçant les contestations sur l'application des tarifs
dans les attributions des juges de paix, et non dans celles de
l'autorité administrative, en prescrivant des précautions pour
les visites à faire et la surveillance à exercer, en défendant
d'annuler, étendre, modifier ou forcer le vrai sens des dispositions de la loi fondamentale, ont entendu faire respecter
tous les droits et toutes les propriétés, et maintenir en vi-
gueur toutes les autres lois. L'art. 53 de la loi du 16 septembre 1807 a donc en ce moment, comme à l'époque de sa
promulgation, la plénitude de sa force, et rien n'autorise, dans
un intérêt fiscal ou autre, à se soustraire à ses dispositions.
Comme l'a proclamé la cour impériale de Rouen, le 26 janvier
1853, ma jouissance d'une libre communication avec la voie
publique qui m'avoisine *forme une partie de ma propriété* et doit

participer *aux mêmes garanties*; si vous me privez de cette jouissance, *c'est donc une partie de ma propriété que vous m'enlevez*, sans indemnité et sans aucun droit (1).

La simple équité devrait d'ailleurs me donner le droit d'accès à la rue de la Préfecture comme l'ont mes voisins, M. Crépy et autres, car je suis sujet à tous les inconvénients du voisinage de la voie publique, je reçois les pierres et les immondices jetées de la rue dans mon jardin par les enfants et les habitants de cette rue. Le plan d'alignement homologué prévoit même un élargissement sur ma propriété. Comment pourrait-on justement me priver de la faculté de me servir de cette rue qui m'impose tant de servitudes ?

Cette faculté m'appartient d'autant plus que, pour procurer aux passants « la vue pittoresque du site de St-Vincent, » on a, en vertu d'une délibération du Conseil municipal du 30 novembre 1850, et nonobstant l'opposition des propriétaires des terrains situés en contre-bas, abaissé à 1 mètre 30 le mur de soutènement qui avait été élevé de plusieurs mètres en 1823 et qui, du moins, nous dispensait des inconvénients que la rue nous cause aujourd'hui. En nous accablant des charges de la contiguïté de la voie publique, comment pouvez-vous ne pas nous laisser les avantages que celle-ci procure ?

Ai-je besoin de répondre à une objection qu'on a faite et qui consiste à prétendre que je dois conserver ma propriété dans la situation où je l'ai trouvée au moment où je l'ai acquise, comme si l'on craignait que je n'y trouvasse une aug-

---

(1) Je doute réellement que MM. les membres de l'administration communale de Laon connaissent le système qu'ils appliquent, dans leur zèle sans limites, lorsqu'ils ménagent si peu la propriété privée. J'aime à croire qu'ils ont peu étudié l'économie politique dans ces graves questions ; je ne les renverrai donc pas aux traités généraux de nos grands économistes et des grands jurisconsultes; mais je leur demande la permission de les engager à consulter quelques petits ouvrages faciles à lire, comme *La Propriété d'après le Code civil* de M. Troplong, le savant président du Sénat (p. 107 et 115), et un article de M. St-Marc-Girardin inséré dans la *Revue des deux Mondes* du 15 septembre 1856. Ils y verront d'où viennent et à quoi conduisent les idées qui annullent la propriété individuelle en présence d'un prétendu intérêt général.

mentation de valeur, comme si l'on était jaloux d'une amélioration que tant de propriétaires se créent tous les jours? Mon vendeur m'a transmis tous ses droits. D'ailleurs, je puis affirmer consciencieusement qu'au moment de mon acquisition je comptais, *me basant sur la loi et sur la jurisprudence*, obtenir mon droit d'accès sur la rue de la Préfecture, et que sans cette conviction je n'aurais pas voulu donner le prix que j'ai payé.

On a prétendu aussi que le mur ne peut m'être vendu par voie d'alignement, parce que, affecté à la surveillance de l'octroi, il fait partie du domaine *public* municipal et est par conséquent inaliénable. Je ne puis que répondre que la ville l'a vendu à différentes époques, qu'il n'existe plus comme propriété communale à la maison Lefèvre ni aux maisons sises entre la mienne et celle de M. Marchand, et que la ville l'a vendu, comme je l'ai rapporté tout à l'heure, en 1852, à M. Crépy et à Mme veuve Varlet, mes voisins immédiats. Est-ce une fausse vente que vous avez voulu faire? Songeriez-vous à en contester la validité? On saurait se défendre. Du reste, votre mur *incomplet* ne remplit pas sa destination de servir à la surveillance de l'octroi; il n'est donc pas d'utilité publique et par suite il n'est pas inaliénable.

Il est donc probable que M. le Ministre de l'Intérieur, mieux informé, reviendrait sur sa décision du 12 août 1857 et annulerait l'arrêté municipal du 26 février 1856. Au surplus, dans la question, il y a deux compétences, celle de l'Administration au point de vue de l'arrêté de M. le Maire, celle de l'autorité judiciaire au point de vue de la faculté d'acquisition conférée par l'art. 53 de la loi du 16 septembre 1807. Or, le tribunal, à qui l'on ne pourrait faire illusion sur le caractère de la prétendue enceinte de la ville de Laon, qui sait *de visu* que cette enceinte n'existe pas en réalité et ne remplit pas, notamment dans mon quartier, la destination qu'on a voulu lui donner, et qui ne peut voir d'ailleurs une *clôture légale* au milieu du territoire assujetti à l'octroi, le tribunal, dans sa lumière impartiale et dans son respect de la loi confiée à sa haute autorité, n'hésiterait pas à reconnaître l'absence de valeur des obstacles qu'on apporte à l'exercice d'un droit consacré si formellement par la loi.

Deuxième réclamation. — A l'occasion de l'ouverture d'un chemin à rampe facile entre Ardon et Laon avec deux entrées dans la ville, l'une à la porte de la Préfecture, l'autre à celle dite de la Manutention, et de l'idée qu'on a eue par suite de placer des portiers aux deux entrées pour la surveillance de l'octroi, quelques personnes, dont je fesais partie, demandèrent que ces portiers ne fussent pas établis, que la dépense de leur logement et de leur traitement ne fût pas faite, la fermeture des deux débouchés du nouveau chemin dans la ville devenant inutile si l'on portait le bureau de l'octroi à l'origine du chemin, à l'unique endroit du passage des voitures pour l'accès au sud de la ville, et si l'on plaçait une clôture quelconque de chaque côté de ce bureau pour rejoindre d'un côté la pointe de la Couloire et la porte de la Manutention, de l'autre la pointe de St-Vincent. Cette nouvelle clôture, qui pouvait être établie à peu de frais à cause de la situation des lieux et du rapprochement des deux parties de la montagne à réunir, aurait eu pour effet d'étendre l'enceinte de surveillance de l'octroi, d'exonérer des servitudes de l'enceinte actuelle toutes les propriétés situées entre le quartier St-Martin et l'édifice de la Manutention, et en même temps de substituer un moyen efficace de surveillance à l'enceinte actuelle dont je ne redirai pas le peu de confiance qu'elle doit inspirer. On fesait observer qu'on espérait voir le Conseil municipal, tenant à concilier les intérêts légitimes des administrés avec ceux de la ville, accorder à un grand quartier qui *touche* immédiatement à la ville, qui est en relation *permanente* avec elle, qui n'en est séparé que fictivement, qui supporte toutes ses charges, le droit naturel de libre circulation qui est l'un des premiers besoins de l'époque actuelle.

Cette pétition, qui était du 11 mai 1859, a été rejetée par la délibération que j'ai déjà citée du 24 décembre dernier.

Je n'examinerai pas cette délibération, prise sur le rapport de M. Dubois qui a voulu ne voir dans la pétition collective qu'il avait à discuter que la suite de mes réclamations personnelles et de celles de M. Melleville, qui a répété les mêmes arguments qu'on nous avait opposés (j'en ai fait voir la valeur) et qui a montré que c'était un parti pris de repousser toute mesure ayant pour objet de satisfaire à des droits sacrés et de laisser prendre à la ville le développement que sa situation comporte.

J'avais, je l'avoue, concouru à la présentation de cette pétition dans la pensée que le Conseil municipal saisirait peut-être une occasion de faire droit à de justes réclamations, tout en servant les intérêts de la ville, et de conserver un système de surveillance sinon légal, du moins entré dans les habitudes de la localité, sans nuire à des intérêts particuliers également respectables.

Il ne l'a pas voulu.

Troisième réclamation. — Quoi qu'il en soit, le moyen terme que j'aurais voulu voir adopter par le Conseil municipal, par suite de notre pétition collective sus-rappelée, ayant été repoussé, il ne m'est plus possible que de demander l'application des dispositions qui seules rendent légales une enceinte de surveillance de l'octroi.

Ainsi que je l'ai déjà énoncé, l'art. 26 de l'ordonnance du 9 décembre 1814 porte « que les limites du territoire auquel » la perception s'étendra seront indiquées par des poteaux, » sur lesquels seront inscrits ces mots : *Octroi de....* ... (1). » C'est quand on franchit ces poteaux que le droit d'octroi est dû ; c'est là que l'on doit être surveillé ; c'est là que doit être établi le mur de surveillance, si ce mur est jugé nécessaire. Plus près du centre de la ville, on est dans un territoire libre, on est censé avoir payé sa dette, on n'est plus soumis qu'à la surveillance générale et aux vérifications dont les

---

(1) Un arrêt de la Cour de cassation a décidé que cette prescription était une mesure d'ordre public et de police générale qui n'admettait pas d'exception. Cet arrêt est du 22 février 1811. Il vise l'art. 53 du décret du 17 mai 1809, qui a été reproduit par l'art 26 de l'ordonnance de 1814.

formes sont déterminées par la loi. Ces règles résultent des dispositions formelles précitées, et aussi des nombreuses décisions prises par l'Administration supérieure, gardienne des droits de tous dans la tutelle qu'elle exerce.

Or, votre enceinte n'enclôt qu'une partie du territoire assujetti à l'octroi, que l'ancienne ville proprement dite. L'impôt est payé au même titre et sous le même tarif non-seulement par les maisons extérieures adjacentes à la ville, mais aussi par les six grands faubourgs placés à 1,500 et 2,000 mètres de la ville. Elle met donc les habitants de la ville sous une surveillance plus grande que ceux des faubourgs; elle attribue des positions *inégales* aux contribuables dans la perception du *même* impôt. Elle ne remplit pas les conditions voulues par les lois et règlements; *elle est illégale.*

Cela suffit pour que l'Administration supérieure proclame cette illégalité et prenne des mesures pour la faire cesser.

Mais d'autres raisons justifieront ces mesures. Ce but restreint que l'Administration municipale s'est proposé, de faire servir l'ancienne enceinte militaire à la surveillance *d'une partie* du territoire soumis à l'octroi, ce but n'est pas et ne peut être atteint: 1° parce que des lacunes considérables, que j'ai signalées et qu'on peut toujours reconnaître, existent dans cette petite enceinte et que, surtout entre le quartier St-Martin et la porte d'Ardon, la fraude ne peut être empêchée si ce n'est par une surveillance personnelle des préposés; 2° parce que dans cette même partie les deux chemins de ronde indispensables pour prévenir la fraude ne sont plus ouverts et sont remplacés par des propriétés particulières sur lesquelles les introductions prohibées seront toujours faciles.

Il est impossible aussi de concevoir qu'un quartier qui est si intimement relié à la ville qu'on ne peut raisonnablement en fixer la séparation, que ce quartier où se trouvent l'Inspecteur d'Académie et un chef de division de la Préfecture, et qui n'est qu'à quelques mètres de l'hôtel de la Préfecture et à 140 mètres seulement de la place publique et de l'hôtel de ville (tandis que la maison de M. le Maire en est au moins à

400 mètres (1), ne puisse, à une certaine heure, communiquer avec la ville qu'il touche, sans retard et sans la permission onéreuse du portier.

Les servitudes que le Conseil communal fait peser sur les propriétés environnant la prétendue enceinte, la gêne qu'il impose à la circulation, les obstacles qu'il apporte au développement de la ville, tous ces graves inconvénients que ne légitiment ni la loi ni l'intérêt bien entendu de la commune, ne sont malheureusement pas les seuls qu'on nous fasse souffrir : *on atteint les personnes*, et un malheur dont j'ai été frappé me donne le droit de renouveler une plainte qu'on n'a pas voulu écouter, dans la délibération prise le 24 décembre dernier, ajoutant l'inhumanité au désir d'anéantir des droits fonciers justifiés sous tous les rapports. Voici cette plainte dont, on le comprendra, il ne m'est pas possible de songer à modifier la forme :

« Il est une circonstance que je n'ai pas eu le courage de
» signaler à la commission, à cause de la douleur impérissable
» qu'elle m'a placée au cœur. Quelque pénible que soit pour
» moi cette tâche, la nécessité me force cruellement d'en
» écrire quelques mots. La mort de Mme Demilly a été une
» perte immense pour moi. Eh bien ! une hémorrhagie survenue
» la nuit a amené cette mort : j'ai couru chercher le médecin ;
» mais faire ouvrir deux fois la porte des Chenizelles a causé
» un retard déplorable, et M. le docteur Hugot a déclaré plus
» tard que s'il avait arrêté plus tôt l'hémorrhagie il aurait pu
» sauver ma femme.........

» J'ai avec moi ma mère, âgée de près de 80 ans ; mon
» voisin, M. Dumoutier, a sa sœur avec lui ; dans notre quar-
» tier des Chenizelles, il y a Mme Dumouchel, épouse de
» M. l'Inspecteur d'académie, Mme Lacour et beaucoup d'au-

(1) Je n'ai pas besoin de faire observer que ce n'est pas une personnalité que je me permets ici : la maison de M. le Maire et beaucoup d'autres encore plus éloignées font partie de la ville, il n'y a pas la moindre difficulté à ce sujet. Mais ce que je veux prouver, c'est que ma maison et les autres du quartier sont très-près du centre de la ville.

» tres personnes sur lesquelles la maladie peut sévir. La fer-
» meture de la porte des Chenizelles, à quelques pas *du centre*
» *de la ville*, n'est-elle pas une menace de mort sans secours
» contre elles toutes ?

» Au point de vue élevé de la conservation des personnes,
» comme à celui de l'intérêt de beaucoup de propriétés jetées
» hors de la ville, quoiqu'elles y soient *reliées intimement*,
» peut-on opposer l'intérêt plus que problématique de l'octroi
» *que cette vaine clôture ne sauvegarde en aucune façon ?* »

Je termine en fesant remarquer que ne plus considérer les murs de l'ancienne ville comme une enceinte, ce sera faciliter « le développement industriel et commercial du chef-» lieu du département, » selon le vœu émis dans la délibération du Conseil municipal du 27 septembre 1850, permettre l'extension des constructions actuelles, encourager les travaux, améliorer les voies de communication, « affranchir » notre industrie de toutes les entraves intérieures qui la pla-» cent dans des conditions d'infériorité, supprimer une foule » de règlements restrictifs, » et contribuer ainsi à la réalisation de la haute pensée exprimée par l'Empereur dans son admirable lettre du 5 janvier 1860.

DEMILLY,

*Chef de division à la Préfecture de l'Aisne, membre du
Conseil des bâtiments civils et de la Société académique
de Laon, etc.*

Avril 1860.

Laon. — Imp. Éd. de Fleury.

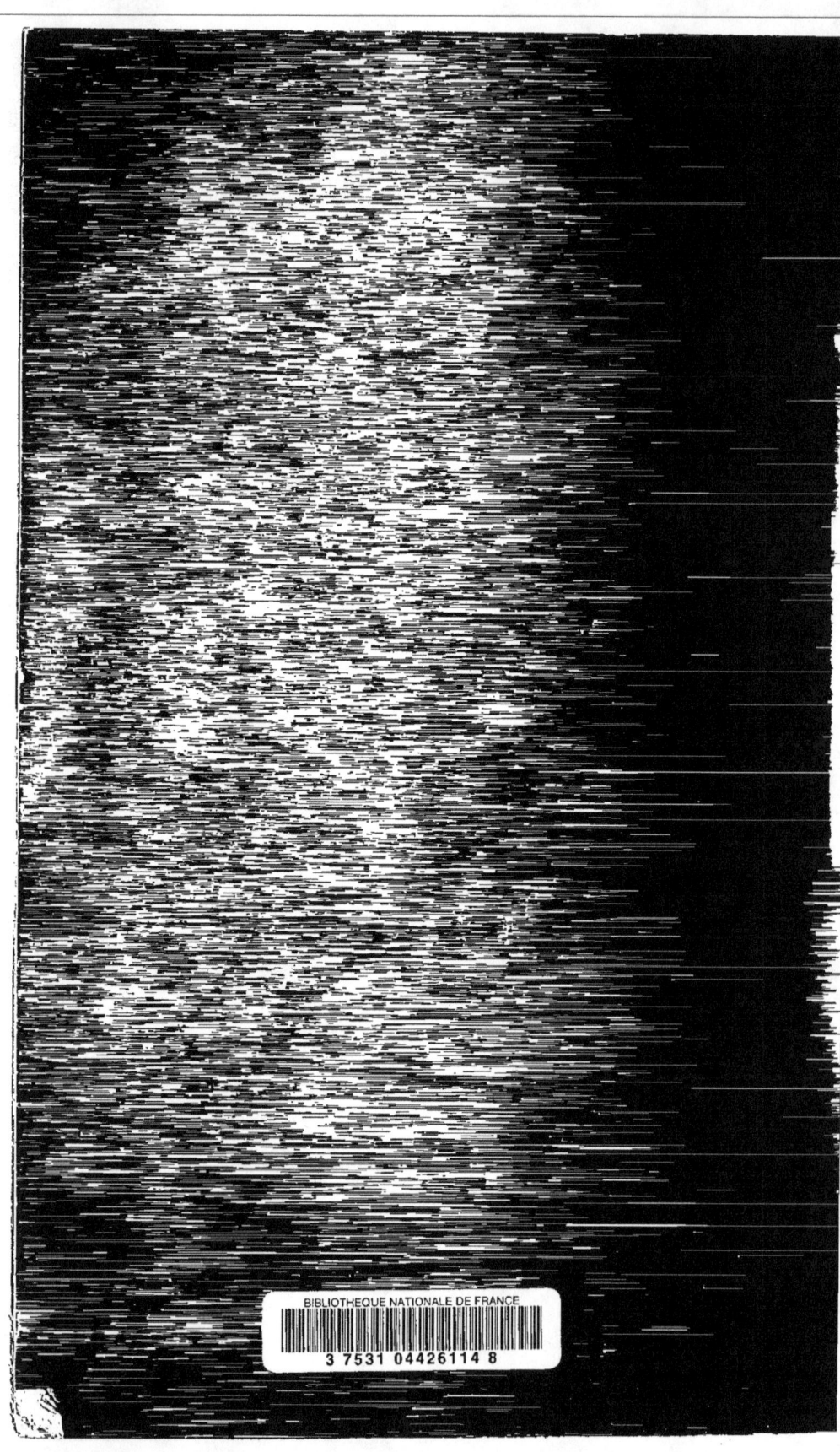

www.ingramcontent.com/pod-product-compliance
Lightning Source LLC
Chambersburg PA
CBHW060715050426
42451CB00010B/1447